चाहत

राजीव केजरीवाल

 pencil

ISBN 9789354583131
© राजीव केजरीवाल 2021
Published in India 2021 by Pencil

A brand of

One Point Six Technologies Pvt. Ltd.
123, Building J2, Shram Seva Premises,
Wadala Truck Terminal, Wadala (E)
Mumbai 400037, Maharashtra, INDIA
E connect@thepencilapp.com
W www.thepencilapp.com

Author biography

कलकत्ता ....एक शहर जहां जिंदगी अपनी एक अलग ही रफ्तार से चलती है ....दुनिया से परे

यही मेरा जन्म १९७० यहाँ के बड़ाबाजार इलाके में हुआ ।
लेखन से किसी का कोई नाता नहीं

४५ साल की उम्र तक मेरा भी नहीं ....

फिर जाने क्या हुआ ......

हाथों ने कलम पकड़ ली और खाली समय निकाल ....

या फिर शायद समय ने मुझे चुन लिया !

CONTENTS

Foreword

कब कौन कहाँ कैसे............ क्यूँ अच्छा लगता है ?
क्यूँ हर वक्त उसके साथ होने की चाहत ?

यह एक अजब पहेली है , जिसका जवाब शायद सब
के पास है , मगर अपने ही जवाब से संतुष्ट शायद
कोई भी नहीं |

बस एक एहसास .. ..

जिसे सिर्फ महसूस किया जा सकता है

चाहत

नींद

मौसम कर रहा
आज कोई साज़िश,
तपती रेत ,पानी की बूँदे,गर्म साँस
मरुस्थल में
आज ...
कैसी ये बारिश

ना कुंडी
ना पट का लगाना
चुपके से यूँ आना
यूँ बिन आहट
सिरहाने बैठना
लज्जा से सिमटना
शर्माना
किस बात की है कोशिश
जाने फिर कैसी ये कशीश

आज फिर यादों में
खो गए
बरसों पुराने
वो तराने
धुन में उनकी
मदहोश हो
उन्ही के पहलू में

आज हम सो गए
हाँ बरसों बाद
हम सो गए ।

गुनहगार

गुनहगार हो तुम ,
मेरे क़ैद अरमानों को
आज़ाद करने का अपराध
है तुम पर

कातिल मेरे अवसादों का,
फिर से विश्वास जगाने का
अपराध है तुम पर

यूँ किसी का हमदर्द बनना
इस ज़माने की क़वायद नहीं
बग़ावत का
अपराध है तुम पर

जाने किस पुण्य प्रताप का फल हो
मुर्दों में जान डालने का
अपराध है तुम पर

अपराधी हो , सीधे खड़े रहो
सहारे देने को ,झुकने का
अपराध है तुम पर

और कितने अपराध करोगे

एक जीवन में
थम जाओ , के अविरल गति का
अपराध है तुम पर
अविश्वास होता है
इंसान बनने का
अपराध है तुम पर

फ़ैसला होगा , ज़रा ठहरो
कचहरी बैठने से पहले
गुनाह क़बूलने का
अपराध है तुम पर

चेहरा

मस्त हूँ मैं,
मेरे आँसुओं पर मत जा
खिलखिला रहा हूँ मैं
पर मेरे हंसने पर मत जा

भड़क उठेगी चिंगारी किसी दिन
कुरेदना छोड़
इन दबे हुए अंगारों पर मत जा

यूँही कुछ करने की आदत है
मुझे,
मेरी शख़्सियत रहने दे
तू मेरे इरादों पर ना जा

मैं ख़्वाबों में जी रहा हूँ
तू मेरे ख़यालों पर ना जा

हो सके तो मिलना कभी,
अजब है मेरी दुनिया
तू किसी कहने में ना आ

साथ चल मिलकर मेरे
यूँही रेले में ना आ ,

खुशनसीब हूँ मैं
पर मेरे कहने में क्या

हो सके तो
मना ले दिल को
पर .....
तू मेरे झाँसे में ना आ

तड़प

तेरी महक सांसो में बसी है
यूँ उठ कर चलने सें क्या होगा
इन बहकते कदमों को रोक ले
यूँ रूठ कर पलटने से क्या होगा

पल पल मुड़ कर देखती हो
यूँ नज़रें चुराने से क्या होगा
दिल चुराया तो सरपट भागो
यूँ अन्दाज़ से चलने से क्या होगा

सुर्ख रंग लाल
गालों की लाली जैसे
यूँ मचलने से क्या होगा

याद बहुत आएगी मेरी ,
कसम से,
फिर अफ़सोस से क्या होगा

आ बैठ पहलू में
कुछ गुफ़्तगू करें

तेरी मेरी कहानी बनायें
अनजान बनने से क्या होगा

कहानी तो अपनी है
दूजे को कहने से क्या होगा

.... यूँ रूठ कर
तड़पने और तड़पाने से क्या होगा ।

भरोसा

मस्त हूँ मैं,
मेरे आँसुओं पे मत जा
खिलखिला रहा हूँ मैं
मेरे हंसने पे मत जा

भड़क उठेगी चिंगारी किसी दिन
कुरेदना छोड़
इन दबे हुए अंगारों पे मत जा

यूँही कुछ करने की आदत है
मुझे,
मेरी शख़्सियत रहने दे
तू मेरे इरादों पे ना जा

मैं ख़्वाबों में जी रहा हूँ
तू मेरे ख़यालों पे ना जा

हो सके तो मिलना कभी
अजब है मेरी दुनिया
तू किसी कहने में ना आ

साथ चल मिलकर मेरे
यूँही रेले में ना आ

खुशनसीब हूँ मैं
पर मेरे कहने में क्या

हो सके तो
मना ले दिल को
तू मेरे झाँसे में ना आ

अभिमान

कृत्य मेरे असाध्य नहीं
बोल मेरे अनमोल नहीं

कृष्ण सा मेरा प्यार नहीं
केशव सा श्रिंगार नहीं

भीम सा बल नहीं
अर्जुन सा मनोबल नहीं

ना युधिष्ठिर ना सत्यवान
क्यूँ फिर मुझ पर तुझे अभिमान

तु रूपसी राधा
मैं नहीं तेरे आधा ,

सावित्री सी पवित्र तू
लक्ष्मी तु अन्नपूर्णा तू

भाग्य सम्राट शायद मैं,
लिखा विधि का विधान
कैसे चुकाऊँगा ऋण तेरा
हे मेरी भाग्यवान ?

इंतज़ार

कभी हम भी इंतेज़ार में
बैठा करते थे
कभी हमारी भी शाम हुआ करती थी
डूबते सूरज को देख
सुहावने ख़याल आते थे
कभी हमारी भी रात
जग कर गुजरती थी

यूँ तो शाम अब भी है
बस अपनी नहीं होती
ख़याल तो आते हैं
बस वो बेख़याली नहीं होती

जागते तो अक्सर रात भर
अब भी हैं
बस वो इंतेज़ार की घड़ी नहीं होती

छूट गए पल वो सुहाने
जब समय में एक
हलचल हुआ करती थी
याद है हमें

कभी हमारी भी
शाम हुआ करती थी ।

चाहत

कभी हमारी भी
शाम हुआ करती थी ।

21

हक

ख़याल अब भी है
ख़्वाब अब भी है
रोशनी बंद कर दी मैंने
जाग अब भी है

यूँ तो कुछ भूलता नहीं
यादें नयी पुरानी
पर यादों पे जड़ा ताला
अब भी है

करवट ले रहा समय
अभी तो केवल साँझ हुई है
इंतज़ार की घड़ियाँ
तो बाक़ी अब भी है

ख़्वाबों में ख़यालों में
उसका रोज़ाना
दीदार है
आख़िर मालिकाना हक़
उसी के पास
अब भी है

आगोश

नींद में हूँ , या मदहोश हूँ
या फिर खुमारी है की
किसी के आग़ोश में हूँ

यूँ तो ज़्यादा बहकता नहीं
अक्सर लड़खराता नहीं
लगता है शायद किसी
साज़िश में हूँ

उठ तो गए , सपने बाक़ी हैं
आँखों में नींद अब भी बाक़ी है

हटा लो ये सुनहरी रोशनी
मुझे चाँदनी में रहने दो
हक़ीक़त से दूर सही
मुझे ख़यालों में रहने दो

मौसम

मौसम आज बौरा सा गया है
जैसे किसी अधेड़ को
नया प्यार हो गया है

ज़ोर नहीं दोनो पर,
वर्ष और उम्र ढलान पर है
मगर इच्छाओं का क्या
सपने तो आसमान पर है

कोई बता दे उन्हें ,
संयम बरते
आगे संकरा मोड़ है
रास्ता कहीं और है
ये तो अंतिम छोर है

प्रतिबिंब

मस्त हूँ मैं,
मेरे आँसुओं पे मत जा
खिलखिला रहा हूँ मैं
मेरे हंसने पे मत जा

भड़क उठेगी चिंगारी किसी दिन
कुरेदना छोड़
इन दबे हुए अंगारों पे मत जा

यूँही कुछ करने की आदत है
मुझे,
मेरी शख़्सियत रहने दे
तू मेरे इरादों पे ना जा

मैं ख़्वाबों में जी रहा हूँ
तू मेरे ख़यालों पे ना जा

हो सके तो मिलना कभी
अजब है मेरी दुनिया
तू किसी कहने में ना आ

साथ चल मिलकर मेरे
यूँही रेले में ना आ

खुशनसीब

ख्याल

मंजर ये ख़यालों के माफ़िक़ तो नहीं
मालिक बन बैठे
हालात ये मुनासिब तो नहीं

दिल अपना था , चाल भी अपनी थी
कब फ़िसल ग़ैर हुआ
ग़ौर नहीं ,

इस मुफ़लिसी में
अपने मुताबिक़ कुछ नहीं
धड़कने ताल मिला चलती है
अब अपने तो ये ख़यालात भी नहीं

तेरे आगे अब तो
ये कायनात भी नहीं

बहकने दो

सिलवटें बिस्तर पर रहने दो
बिखरे बाल ये लहराने दो
मौक़ा है दस्तूर है
ज़रा बहक तो लो

काम की बात करेंगे फिर क़भी
आज यूँही बतियाने दो
बेफ़िज़ूल की कुछ मै बोलूँ
कुछ तुम
एक दूजे में ख़ुद को
समा जाने दो

थोड़ा बहकने दो मुझे
आज आज़ादी है
कुछ पल जी लेने दो
बरसों का ये क़ैदी है

फिर उठेंगे कल जब
नून तेल लकड़ी
खोजेंगे तब
फिर से
नून तेल लकड़ी
खोजेंगे तब

दीवाने

ना हटायें इन लटों को
यूँ झटक कर
दीवानों की सिफ़ारिश है
कहीं हम बहक ना जाए
रहम करें
इतनी गुज़ारिश है

क़ाबू में अक्सर नहीं रहता मेरे
मेरा दिल,
जाने किसकी नज़रें इनायत है
आपका नाम ना लूँ
ये ज़माने की हिदायत है

आजमाइश

पाँव में बिछुए ,
साथ में पायल
हाथ में कंगन
तन ज्यूँ चंदन

यूँ निखारा है जो रूप तुमने आज
गहने ,कपड़े ,श्रृंगार
और ये साज
क़यामत ढहाने का ग़ज़ब अन्दाज़

आज फिर कुछ अजब होने को है
रैना लम्बी
दिन छुपने को है

बता ही दो हमें अब ये राज़
फ़रमाइश क्या है
दिल दिमाग़ तो लूट चुके
अब आज़माइश क्या है

हया

कुछ बूँदे इतरायी हुई सी,
रात की बदरी से टकरायी हुई सी,
जुल्फ़ों पे तेरी मोतियों सी झलक
होठों के कोर से शर्मायी हुई सी!

सुराही सी गर्दन पे लहराई हुई सी
कटिली हसीं बिखराती हुई सी
हर किसी के दिल को चुराई हुई सी
अपने ही दर्प में
लिपटी हुई
मदमस्त मचलाई हुई सी

तेरे जिस्म की ख़ुशबू से
मेरी हवाओं को महकायी हुई सी,
मेरी रूह को छू कर
तेरी यादें,
इन बाँहों में सकुचायी हुई सी

ये बूँदे हैं ....
या उस मोहब्बत की आस

ये बूँदे हैं ....
या उस मोहब्बत की आस

ज़िंदगी में,
फिर से आयी हुई सी ।

हमनवा

जाने कैसी दूरी है
नज़रों के पास तो है
दिल जो टूटे नहीं
दोनो में एहसास तो है

अनकहे शब्द,
अनदेखी धूंध की चादर कोई
मैं चुप ..
तू भी चुप...,
रात भर बस आँख ही रोई

बेवजह मायूसी ....
कशमकश में ज़िंदगी ये कैसी

एहसास को पंख अब लगने दे
विचारों को दे कुछ हवा
कुछ तू हाथ बढ़ा
कुछ मैं भी दूँ हवा

बस चिंता छोड़
सोच मत ज़्यादा
साथ बस चल
मेरे हमनवा

पहली बारिश

शुष्क मौसम का दौर है,
अचानक ठंडी बयार का
ये आलम क्या है....

माना कुछ दिन की जुदाई थी
अचानक गिले बालों को
झटकने का अन्दाज़ क्या है .....

दूर तो नहीं थे कहीं
शर्माए सकुचाये चुपके से
पास आने का
ये माजरा क्या है ....

बस ...
आइने में अपने से नज़र मिला
आँखों में ढूँढ लेते
वहीं अपना आशियाना..
समाये वहीं हम
इधर उधर के बहाने का....
इशारा क्या है

बतला ही दो
आख़िर .....

इस क़ातिलाना
अन्दाज़ का इरादा और अंजाम क्या है ?

बिन बारिश भीगने का
ये आलम क्या है ?

नज़दीकियाँ

ख़ामोश तू, ख़ामोश मैं
ना नाराज़ तू, ना नाराज़ मैं.....

अदृश्य दीवार कोई
मशगूल अपने आप में सब
बेवजह अंतहीन ये दूरियाँ
फ़ासले की कोई वजह नहीं

आओ पास बैठें ज़रा
बत्तियाँ बुझा ,
बतियाएँ ज़रा
बे मतलब की फुसफुस
दिल को गुदगुदायें ज़रा

वही पहले की मुस्कुराहट
लौटा लायें
एक दूजे की बाहों में समायें
शर्माएँ ,लजाएं
अचानक खिलखिलाएँ
आओ ....
एक बार
फिर से ....

ज़िंदगी को अपनायें
फिर से .....
ज़िंदा हो जाएँ

महक

ना डालो ख़लल ,
की आग़ोश में हूँ....
बादलों के नज़दीक
स्वप्न लोक में
किसी के ख़यालों में हूँ

एहसास उसकी साँसों का
महक इत्र समान बदन से लिपटी हुई
उन लहराती जुल्फ़ों का साया
अभी बने रहने दो
डालो ना ख़लल
अभी जीने दो ....

पल पल उनकी मुस्कराहट
धड़कनों में उतरने दो
भोर हो या संध्या
ख़लल ना डालो
अभी बस ,
इनही ख़यालों में मरने दो

जीने मरने का कोई भेद नहीं
आपस में दोनो एक हैं
यूँही हमें मिलने दो

ख़लल ना डालो
जीने दो ....
या फिर
मरने दो ।।

अंदाज

शुष्क मौसम का दौर है,
अचानक ठंडी बयार का
ये आलम क्या है....

माना कुछ दिन की जुदाई थी
अचानक गिले बालों को
झटकने का अन्दाज़ क्या है .....

दूर तो नहीं थे कहीं
शर्माए सकुचाये चुपके से
पास आने का
ये माजरा क्या है ....

बस ...
आइने में अपने से नज़र मिला
आँखों में ढूँढ लेते....
वहीं अपना आशियाना,
समाये वहीं हम
इधर उधर के बहाने का....
इशारा क्या है

बतला ही दो
आख़िर .....

इस क़ातिलाना
अन्दाज़ का
इरादा और अंजाम क्या है
...
बिन बारिश
भीगने का
ये आलम क्या है ?

मदहोश

बदले बदले से अन्दाज़ हैं आज
डगमगाते कदम भी हैं
मदहोश यूँ आते नज़र
शायद बहके हम भी हैं

कोई पूछे उनसे
सूरमाई अँखियों से
घूरने की ज़रूरत क्या थी
हम तो सोए थे
पायल खनकाने की ज़रूरत क्या थी

मदहोश हो बहक गए
जो हम
तो सम्भालने की ज़रूरत क्या थी

आख़िर...

झकझोर कर नींद से उठाने की ज़रूरत क्या थी

इतनी जल्दी क्या थी !

खामोशी

नहीं
नहीं
नहीं
ये ख़ामोशी
बर्दाश्त कत्तइ

मार लो
काट लो
जी भर कोस लो

मगर
मुँह ना मोड़ो
सखी
हो जाऊँ जो दुःखी
तो
तुम कैसे रह पाओगी
मेरे बिन क्या दिल को
समझा पाओगी

इस लिए मेरे नहीं
अपने
दिल पर रहम करो
मेरे नहीं तो अपने लिए

ये ख़ामोशी तोड़ो
कुछ तो बात करो
कुछ तो बात करो !!

44

ख़्वाहिश

ख़्वाहिश ताउम्र रहेगी
तुझे पाने की
तु ग़ैर है तो क्या?

चकोर चाँद को आज भी ताकता है

मालूम है हमें
इस दिवानेपन की
कोई मंज़िल नहीं,
दिल जब मज़बूर हो
तो कोई करे क्या ?

गुज़ारिश ,की शायद
रब तक पहुँचे हमारी
इलतजा ,

इस बार नहीं
तो
अगले जन्म सही

इंतज़ार सदियों से आगे
जन्मों तक करेंगे।
तेरी आरज़ू में,

मर मर के भी
ज़िंदा रहेंगे ।

शांति

शांत है शमा अब
कोई झोंका हवा का नहीं
किवाड़ खोल दिए सारे मैंने
फिर भी हल्ला कोई नहीं

ना कोई रोक कोई टोक
पसर गया जो पलंग पे
यूँ ही
झकझोर कर उठाने को
कोई नहीं

तन्हाई का यूँ तो
साथ अपना पुराना,
अब लगे नया ये ...
यही मंज़ूर नहीं

चाहे दिल के जीतने क़रीब हो
साँसो में बसे हो चाहे,
दूरी तो है अभी ,
यूँही नहीं
ख़ाली पलंग भरे आहें

बस .....

इंतज़ार में पलके ये बिछी रहेंगी
निहारेगी पथ ये निगाहें
और
फैली रहेंगी यूँही ये बाहें

बारिश

घनघोर घटा , अद्भुत छटा
baadal आज बरस ही गये

कब तक रोकेंगे
वेग मन का
कब तक दिल यूँ रहेगा बँटा
एकाग्र चित्त हो ध्यान करो
सैलाब अब आ ही जाने दो

बह लेने दो नीर नैन के
बहा ले जाने दो द्वेष मन के
आज ज़रा स्थिर हो जाओ
देखो तर्क आज दिल - दिमाग़ के

पहली बार दिल ने तर्क दिए हैं
दिमाग़ अब सोचने पर मजबूर
एहसास की मिल्कियत
जो ना दिमाग़ समीप
कैसे जलेंगे प्रेम के दीप

ज्वाला धधक रही दिल में
अद्भुत ये आग,

सोच समझ आगे बढ़ो
लगे ना कालिख का कोई दाग

समय

नहीं ख़बर कोई उसकी
इस दिल में कोई जगह नहीं,
गहरे में दफ़न
यादों के तहख़ाने में
डूबा आए थे जो
किसी मयखाने में

की किसी दरार से बिता एक लम्हा निकल आया
क्षण भर में सैलाब उमड़ आया
गंगा जमुना ही नहीं
विलुप्त सरस्वती भी बह निकली

सारे गिले शिकवे भूल
दिल से फिर एक हूक निकली

मचल उठा दिल
कैसी ये महक निकली

क्या प्यार कभी मरता नहीं
या फिर मार के भी चुप बैठता नहीं ,
शायद सच कहा है ,
हाँ
आख़िर ये दिल है

ये
किसी की भी सुनता नहीं ।

52

रैन

भोर भए सूर्य किरण
बादल की ओट से झांके
नैन मेरे
सुने बिस्तर
सुने तकिए को ताके

बीत गयी एक और रैन
खुले ही रहे ये नैन
सखी मिलन को तरसे मन
कैसे आए दिल को चैन

रोज़ की नोंक झोंक
हर बात पे टोक
अच्छी तो नहीं आदत
पर याद आती है,
तेरी जुदाई , ग़ज़ब ढाती है

परछाई जुदा मुझ से मेरी
अस्तित्व पर प्रश्न चिंह
ख़यालों में गुम , गमगिन
गूंजे कानों में ,
तेरी आवाज़ प्रतिदिन

लौट आ जल्द
ए हमसफ़र ए हमदम
लौटा दे फिर से
मुझे मेरे थिरकते क़दम
जब साथ तेरे मन मयूर
दिल ये नाचता था
तेरी जुदाई में ये हाल होगा
कभी सोचा ना था

माना कुछ दिवस की
अब है बात
पर जाने कैसे कटेगी
ये कुछ ज़ालिम रात

आ जाओ सखी
बुझा दो ये आग
अब तो है आठों पहर
बस तेरी ही जाग
बस तेरी ही जाग

यादें

भीगे तौलिए
सिलवटें भरी चादर
और वो आइना,

खोजे तुझे
कैसे समझाऊँ उन्हें
क्यूँ तू अब भी आयी ना ?

गवाह मेरी हर टूटती नींद के
बिस्तर की वो चरमराहट
मुखर हो पूछती रोज़,
कल वो आयी ना ?

कैसे कैसे किस किस को समझाऊँ
इस दिल को सम्भालूँ
या फिर तेरी यादों को भुलाऊँ
हर वक्त तेरे अक्स को ढूँढता
दिवार पर टंगा वो आइना

बस , बहुत हुआ
ये हमसे दूर रहना
आ ही जाओ अब,
अब सहा जाए ना

कब से यही कह रही हो....

बस ....
आयी ना !!

दूरियाँ

इंतज़ार दो दिन का
साथ में दो रात
बीत जाएँगे ये भी
ऐसी भी क्या है बात ?

नासमझ दिल
तू यूँ ही ऊधम मचाये
मान ले मेरी
वो भी वहाँ कहाँ
चैन से रह पाए

करवटें बदलती हर पल
नींद कोसों दूर
अक्सर ख़यालों में खो जाए
बदले हुए हैं कुछ सुर

ए दिल , नहीं ये कोई पहेली
उसकी कांपती आवाज़ ने
की है ये चुगली
हर रात किसी बहाने बात करे
कहीं मिल ना जाए मुझे
नई कोई सहेली

इसी भय को चलो भुनाते हैं
कोई आवाज़ सुना डराते है
और
इसी बहाने
कल ही उसे बुलाते हैं

अकेलापन

दिन तो कट जाएँ काम में
रैन का क्या करें
डर लगे अकेले में
अंधेरे का क्या करें

हवा की सरसराहट
पत्तों का खड़खड़ाना
चट चादर में छुप जाऊँ मैं
कहीं बना ना ले
कोई अपना निशाना

लगे कोई पदचाप जैसे,
धड़कन तेज हो
परछाई पक्षी की दिख जाए
लगे दानव समीप हो

कमजोर हृदय नहीं
अनजान असलियत से भी नहीं
अंधेरा फिर भी बहुत सताए
कलेजा मुँह को आये
रात भर जगरण करें
पल पल नैन बोझिल हो जाए

हर रोशनी की किरण
प्राण संचार कर जाए
भोर खिले जब
तब ही
प्राण में प्राण आए

हे सूर्य देव
कुछ दिवस यह आलस त्यागो
जल्द आओ प्रातः काल
जाने में तनिक देर लगाओ
अभी हम अकेले हैं
कुछ तो हमारी ख़ैर मनाओ

वक़्त

वक़्त सब पूछते मुझसे
आज तुम आओगी कब
दिल दिमाग़ और आँखे
तरस कर थक गए सब

दस दिन ,दशक जैसे
ख़याल रोज़ आते कैसे कैसे
यूँ तो रोज़ होती बातें
पर कहाँ वो ताने, बिना जिसके
कभी गुजरे ना ये रातें

आदत में शुमार,
तेरा मेरे को तंग करना
आदत मेरी भी अब
रोज़ सुनना , काहे का डरना

बस जल्द आ जाओ प्रिये
फिर होगी ढेर सी बातें
शिकायत और उलाहनो से भरी
जाने कब बीते ये रातें

पास हो तो ख़याल शायद ना हो
दूर हो तो अभी कह दूँ

यूँ मैं कहता तो नहीं कभी
प्यार की भाषा ज़बान पर
लाता नहीं अब भी
पर दिल बेवफ़ाई कर गया
रात के अंधेरे में
चुपके से
तुझे
" I लव यू" बोल गया

मुलाकात

नैन मिले, मुस्कुराये
हम अनजाने से खड़े रहे
दिल ने दिल बात कर ली
हम देख कर बौराए
पर बड़े बुजुर्गों का तक़ाज़ा था
शालीनता की मूर्ति बने रहे

सोचा था ,
आने पर यूँ होगी बातें
तेरी -मेरी और सारे जहाँ की,
हाथ में हाथ लिए बैठेंगे , बतियाएँगे, खिलखिलाएँगे,....
रात का इंतज़ार करते रहे

फिर से हुआ प्राणों का संचार
स्थापित कला जीवंत हुई
आये कैसे कैसे अद्भुत विचार

ना जाने देंगे यूँ छोड़ कर फिर कभी
ख़ैर ..
छोड़ो ये बातें , आयी हो अभी अभी

रैना बीतती गयी , बातें जुड़ती गयी
नैन कब बोझिल हुए

सूरज कब चढ़ा,
हम बेख़बर सोए रहे
उनके गिले बालों ने ही
स्वप्न तोड़ा

अब .....
है फिर इंतज़ार
यूँही बेक़रार ....
अब तो रोज़ होगा
प्राणों का संचार
इठलाती लट देख
लगता
उनका भी
कुछ ऐसा ही विचार

मिजाज

सर्द ऋतु , गर्म हवा
मौसम कुछ बौराया सा है

अचानक ठंडी हवा का झोंका
इरादा क्या है
रिझाने का कुछ बहाना ये
खिलखिला के हंस दो
या हंस के बता दो
अब ये पर्दा क्या है
ये दिल इतना अकेला
इतना बेगाना ....
आख़िर फ़साना क्या है

ए मौसम ,
तू ही बता दे
तू इतना मिज़ाजी क्यूँ है
माशूका तो मेरी
तू बौराया क्यूँ है
तुनकमिज़ाज सही वो
तू बौखलाया क्यूँ है
यूँ सर्द गर्म के बीच
सबको त्रिशंकु बनाया क्यूँ है !

पहचान

हवाएँ हो गई हैं सर्द,
खिली धूप में
आओ कुछ पल बिता लें।

कहें कुछ अपने मन की,
बातों बातों से
रिश्तों पर जमी बर्फ पिघला लें

हंसते खिलखिलाते यूँ ही
गुजरते रहें ये पल
एक दूजे के हम ग़म चुरा लें

बीत जाएँगे जब ये कुछ साल
खिल उठें ये चेहरे वही पहले की मुस्कान ले

आओ अब मिल बैठें सब ,
सर्द हवा, गर्म रिश्तों का
एहसास लें
कुछ अनकहा सुने , कुछ
अपनी मिट्टी की ख़ुशबू का संज्ञान लें

आओ अब एक दूसरे को जान लें

बिंदिया

तेरे माथे की वो बिंदिया
मेरे ब्रह्मांड का दर्पण
समस्त भाव तेरे में सिमटे
दिल दिमाग़ पहले ही अर्पण

तुझे रिझाने को हर तीर छोड़े
नैनो से तुने उन्हें
मेरी ओर ही मोड़े

मदहोश तेरे प्यार में
यूँ भी तो था
जाम की ज़रूरत क्या थी
आँखो से पिलाना जो था
शाम के इंतेज़ार की
ज़रूरत क्या थी
आग़ोश में ही ले लेती जो मुझे
होश में लाने की ज़रूरत क्या थी

रात अभी बाक़ी है
पास मेरा साक़ी है
बहकने दे मुझे
बहाना ये काफ़ी है

सुबह होगी
फिर होश की बात करेंगे
तब तलक ललक
यूँही उठने दे
अपने पहलू में छिपा
फिर से
आज होश खो लेने दे

होश की ख्वाहिश नहीं
नज़रों के मयखाने में,
चल बैठ पियेंगे फिर
किसी दूर वीराने में

यहाँ शोर बहुत
खामोशी का
अंधेरा बहुत
चाँदनी का
नशे की बात नहीं ये
पर इंतेज़ार भी नहीं
होश आने का

वो

यह जो संदेह है
जीने नहीं देता....

जी तो लें फिर भी
किसी तरह
पर कमबख़्त ज़माना
विश्वास करने भी नहीं देता

और

मौत का क्या ग़म करें
पर तेरा प्यार
उसकी भी इजाज़त नहीं देता

इज़हार ए इश्क़
तो हुआ था अपना भी
पर कोई फिर भी
मिलने नहीं देता

बेदर्द ज़माना
जीने नहीं देता

नाराज़

यूँ नाराज़ कब तलक
रह पाएँगे आप
कमी तो है बस एक झलक की
क्या सह पाएँगे आप ?

माना ज़रा तल्ख़ जुबान
हमारी
शायद दूरियों की खुमारी,

मान ही जाइए अब
के सुहानी शाम
गुजर रही है
रात की पदचाप
यूँ ही समीप आ रही है

दूरियाँ मन से ना हो
पर चैन से सोने की
सम्भावना भी
निकली जा रही है

किरायेदार

लौटा दे मुझको, तू मुझे,
किराये में अब रहना नहीं..
अपना मकान,अपना मुक़ाम,
तेरी गली में ही
मेरा घर है कहीं।

रात भर जागूँ मैं यहाँ,
दिल सोए मौज में
तेरे पास ही कहीं।

भूल जाऊँ तुझको
ऐसी कोई दवा दे दे,
या कह सकूँ तुझे अपना,
बस इतनी सी अपनी रज़ा दे दे।

दूरियाँ अब बर्दाश्त नहीं,
रोज़ इंतेज़ार कौन करे?
तेरे सामने का मयखाना ही
अब तू मेरे नाम कर दे ।

बना ले अपना,
ले आ अपने पास,
पतझड़ ये जीवन

अब तू,
गुलज़ार कर दे !

तू भी आएगी हर शाम
इसी बहाने,
बस !
मयखाना मेरे नाम कर दे ।

मुझसे मिल,
या सरे आम मुझे बदनाम कर दे !!!

अदा

अन्दाज़ आदत जो बन जाए
यूँ रोज़ अदा से
मुझे देख मुस्कुराना ,

तेरा सजना संवरना
यूँ सामने आना
तेरी रोज़ की आदत में
इसका शुमार होना

दूरियाँ तो नहीं दरमियाँ,
यूँ हर वक्त शर्माना
मेरे स्पर्श से अब भी
तेरे होंठों का कंपकंपाना

यूँही जवाँ रहना
मुझे बनाए रखना
जब मौक़ा मिले
हल्के से हाथ
दबा मुस्कुरा ही देना

बातें

क्षण पल लम्हे की बात ना कर
वक्त की कमी क्या
दिन रात बस तू बात कर

इन उठते गिरते पलकों की क़सम
फूलों की ये बारिश ना थमे
महकने दे फ़िज़ाओं को अब
बस राज़ ये तू सरे आम ना कर

देखे कई बसंत हमने भी
पतझड़ के बाद सावन भी
तू हवा में मत उड़ा
ज़रा मुझपे ऐतबार भी कर
ज़रा इंतज़ार तो कर

अक्सर ज़मींदोज़ पत्तों में
कुछ जान रहती है
हाथ में ले , सहला,
यूँ अनजान बनने का खेल नहीं
कुछ तो मेरी पहचान कर

बातों से ही बात बनेगी
कुछ तुम बोलो

कुछ मैं बोलूँ
चुप रहना अनुचित
कुछ नया संवाद तो कर

इशारों इशारों में हुई बहुत बात
अब दिल की भाषा बोल
ख़यालों को छोड़ स्वच्छंद
अपने से ही खुल जा तू
तू खुल कर
अब बात तो कर
अपना ले ख़ुद को,
ख़ुद से तू बात तो कर

फुर्सत

कुछ बातें अनकही रहने दो आज
फुर्सत में कभी समझेंगे ये राज़

अभी कार्य बहुत बाक़ी है
अभी तो कुछ आड़ी तिरछी
रेखाएँ ही आँकी है
चित्र ही पूर्ण हुआ नहीं
रंगो की अभी कहाँ झाँकी है

उम्र के पड़ाव में होगी ढेर बातें
सुन बीतेंगी तेरे से ही सारी रातें

अभी मुझे चिंतन करने दो
हाथ पाँव दिमाग़ यूँही
चलाने दो
के यौवन ढलान पर है
ढलने से पहले उबरने तो दो

चित्र पूर्ण होने को है
रंगो का छिड़काव होने तो दो !

तमन्ना

ख़ैर की तमन्ना
खैरख्वाह से की थी

हर ग़म का मेरा वो राज़दार
दिल का कमजर्फ निकला

भरी महफ़िल में
मेरी हर मासूम फ़ितरत का
वही गवाह निकला

पूरी बेवफ़ाई के साथ
मेरी मोहब्बत निभाने वाला,
कमबख़्त,
मेरा ही हमनवाह निकला!

मेरी हस्ती

हस्ती परवानों की
मिटती नहीं
जलने के बाद
यूँही इतिहास नहीं
उनके नाम से आबाद

शमा के जलने में
मज़ा क्या है
जो परवाने तक ना पहुँचे
वो आग क्या है
तपिश ना हो जब तक
वो तपस्या क्या है
बिन शमा के जीवन में रखा क्या है

समा जाओ एक दूजे में
यूँ दूर से ताकने की
सज़ा क्या है

आख़िर दूरियों में
रखा क्या है

अजनबी

राज़ी करना पड़े ख़ुद को
ए अजनबी
तू कुछ ऐसा काम तो कर

तू कुछ कहे
मै कुछ सुनूँ
और छलके पैमाना
कुछ ऐसा जाम तो भर

एक नज़र पे सब कुर्बान
दिल लूट जाए
ऐसा नज़ारा
सरंजाम तो कर

ये दिल की मिल्कियत
यूँही नहीं मिलती
हो सके तो
मोहब्बत ये
ज़रा
सरे आम कर

आवाज़

धड़केगा दिल तेरा भी
ज़रा इंतज़ार तो कर
निगाहों से ज़रा टकराकर
कुछ बात तो कर

युवा दिलों का खेल नहीं अब
विचारों का मेल है ये
तू दिमाग़ से दिल की
फ़रियाद तो कर

माना तू ग़ैर है
चलो मान भी लिया
सब ख़ैर है ,
तू कुछ आवाज़ तो कर

संदेशा भेज
अच्छे दिन का
आग़ाज़ तो कर

इशारा

मुलाक़ात की ख़्वाहिश को
अंजाम दीजिए
शब्द नहीं आँखों से पुकार लीजिए

आँसुओ से फुर्सत कहाँ
इन दिनो,
चंद इशारों से ही दिल बहला दीजिए

जुनून ए ज़िंदगी कुछ ख़ास माँग रही है
आज तुझसे एक मुलाक़ात माँग रही है ...

शब्द को अब जुबान का
सहारा कहाँ
मतलब की इस दुनिया में
किसी को बहलाने का
इरादा अब कहाँ

जहाँ में कोई फुरसत में हो,
उसके पहलू में सो जाऊँ
वो छाँव,
वो सुकून का किनारा
अब कहाँ ?

आसमां

यूँ आसमाँ मेरा
रंगे है तू
दिल रंगीला हो जाये

हाथों में तेरे
धर दूँ हर रंग
बादलों का ये
साथ हो जाये

ज़मीन आसमान का फ़र्क़ नहीं
ज़र्रा ज़र्रा तेरा आशिक़
मेरे अश्क़ का भी
कुछ ख़याल हो जाए

हो बादलों पे सवार
ज़मीन आसमाँ एक कर दूँ
जो बस तेरा साथ हो जाए